合唱で歌いたい！J-POPコーラスピース

混声3部合唱

うたエール
（ゆず）

作詩：北川悠仁　作曲：北川悠仁、蔦谷好位置　合唱編曲：西條太貴

合唱で歌いたい！J-POPコーラス

うたエール

作詩：北川悠仁　作曲：北川悠仁、蔦谷好位置　合唱編曲：西條太貴

うたエール （ゆず）

作詩：北川悠仁

始めようかそろそろ（これから）
準備はできたかい？（いつでも）
呼吸合わせて（阿吽(あうん)）
いつものように

スタートの合図　空に響けば
どこへゆこう？　想像超える未来へ

一生は誰にも（千載一遇(せんざいいちぐう)）
与えられた　叶えられた
特別な贈り物(ギフト)（さあいまこそ）
夢中で乗り越えて（その先へと）
どんなピンチも　こりゃまたとない
チャンスに変えられるさ
（きっと変わる　だからゆこう　You Go！）

LA LA LA…心からla la
あなたにエールを　歌ういつの日も
LA LA LA…ここからLA LA LA…
届け　僕らの声

心配しなくていい（大丈夫）
肩の力抜いて（深呼吸）
上手じゃなくても（平気、平気）
自分なりでいい

すぐにはできない　だからこそ
手にしたときの　喜びこみ上げる

一生はいつでも（十人十色）
一人ひとりが　主人公の
とっておきの舞台(ステージ)（幕は上がる）
ずっと消えないスポットライト（どんなときも）
ヘマしちゃって　笑われたって
信じた道をゆくんだ
（この道を進め　前へ　MY WAY）

LA LA LA…　見ているからla la
惜しみない拍手を　頑張るあなたへ
LA LA LA…　明日(あした)へLA LA LA…
待っているよ　未来

悩んだ末に見つけるんだ
物語は始まったばかり
（始まったばかり　始まったばかり）
The END決めんのは誰だ？
走り出した　願い乗せて

LA LA LA…　心からla la
あなたにエールを　歌ういつの日も

LA LA LA…見ているからla la
惜しみない拍手を　頑張るあなたへ
LA LA LA…明日(あした)へLA LA LA…
待っているよ　未来
届け　僕らの声

LA LA LA…あなたに
LA LA LA…エールを
LA LA LA…謳(うた)おう
LA LA LA…いつの日も
LA LA LA…謳(うた)おう
LA LA LA…いつの日も

MEMO

MEMO

エレヴァートミュージックエンターテイメントはウィンズスコアが
展開する「合唱楽譜・器楽系楽譜」を中心とした専門レーベルです。

ご注文について

エレヴァートミュージックエンターテイメントの商品は全国の楽器店、ならびに書店にてお求めになれますが、店頭でのご購入が困難な場合、下記PC&モバイルサイト・FAX・電話からのご注文で、直接ご購入が可能です。

◎PCサイト&モバイルサイトでのご注文方法
http://elevato-music.com
上記のアドレスへアクセスし、WEBショップにてご注文ください。

◎FAXでのご注文方法
FAX.03-6809-0594
24時間、ご注文を承ります。上記PCサイトよりFAXご注文用紙をダウンロードし、印刷、ご記入の上ご送信ください。

◎お電話でのご注文方法
TEL.0120-713-771
営業時間内に電話いただければ、電話にてご注文を承ります。

※この出版物の全部または一部を権利者に無断で複製(コピー)することは、著作権の侵害にあたり、著作権法により罰せられます。

※造本には十分注意しておりますが、万一、落丁・乱丁などの不良品がありましたらお取り替えいたします。また、ご意見・ご感想もホームページより受け付けておりますので、お気軽にお問い合わせください。